Josue Tsheleka

Impacto da auditoria informática numa instituição de microfinanças

Josue Tsheleka

Impacto da auditoria informática numa instituição de microfinanças

ScienciaScripts

Imprint

Cover image: www.ingimage.com

This book is a translation from the original published under ISBN 978-3-639-62194-5.

Publisher:
Sciencia Scripts
is a trademark of
Dodo Books Indian Ocean Ltd. and OmniScriptum S.R.L publishing group

120 High Road, East Finchley, London, N2 9ED, United Kingdom
Str. Armeneasca 28/1, office 1, Chisinau MD-2012, Republic of Moldova, Europe
Managing Directors: Ieva Konstantinova, Victoria Ursu
info@omniscriptum.com

Printed at: see last page
ISBN: 978-620-8-61944-2

EPIGRÁFICO

Se o mundo soubesse o quanto me esforcei para desenvolver este talento, não ficaria surpreendido.

Por Zig Ziglar

"É mais inteligente acender uma pequena lâmpada do que queixar-se do escuro."

Lao-Tseu

DEDICAÇÃO

Toda a honra ao Senhor, a nossa marca de gratidão, honra e amor vai diretamente para Deus.

Para a minha querida esposa Chancelvie BAKENGA MAMPUYA

Aos meus campeões : Jograce TSHELEKA e Jocha MIJI.

Ao meu querido pai Dominique MIJI pelo seu amor ao longo dos meus estudos. Foi ele que me encorajou perante os desafios e me ensinou os termos da existência, do querer, do bem-estar, Tu és o símbolo do sucesso.

À minha mãe Agnès MULENGA pela sua paciência, foste a luz do meu caminho. Permanecerás sempre nos meus olhos como o símbolo do sacrifício. "Que Deus te dê felicidade, saúde e vida longa, e me ajude a poder iluminar o teu futuro e a estar à altura do teu amor por mim".

Ao meu único irmão mais velho, MIJI KANYIMBU Caleb, muitos têm os seus irmãos mais velhos, mas para mim ele é divino. Os momentos difíceis e as estratégias foram ultrapassados com

Aos meus tios Robert KAWISA, Jean-Luc MUKALAY

Às minhas tias maternas, MONGA BIBIKAWA e DENISE BUYAMBA, a quem estarei sempre grata.

Às minhas tias paternas MBAMBA SEYA e MARIE KAHINDA pelo seu encorajamento e apoio moral.

Não posso retribuir-vos toda a felicidade que me proporcionaram e não posso valorizar os esforços e sacrifícios que fizeram para alcançar este sucesso.

Dedico este trabalho

Josué TSHELEKA UPALE

INTRODUÇÃO

Desde há muitos anos, e cada vez mais, o ambiente digital tem desempenhado um papel importante na maioria das organizações. **Os processos de produção, a gestão das relações com os clientes**, o **ambiente de trabalho**: quase tudo é atualmente controlado pelas TI.

As vantagens das TI também têm a sua quota-parte de riscos, com possíveis **falhas** que podem pôr em causa a totalidade ou parte da atividade (avarias, ataques maliciosos, más práticas que podem causar fugas de dados, etc.).

O sistema de informação pode ser inspeccionado para prevenir eventuais deficiências. O objetivo da auditoria é verificar as práticas, o equipamento e o armazenamento de dados (internos e externos).

1. Apresentação do microfinanciamento e do seu papel no desenvolvimento económico

a. Apresentação das microfinanças

O microfinanciamento é um sector financeiro que presta serviços financeiros a pessoas com baixos rendimentos ou excluídas dos sistemas bancários tradicionais. Estes serviços incluem empréstimos, poupanças, seguros e transferências de dinheiro. As instituições de microfinanciamento (IMF) trabalham principalmente com pessoas que não têm acesso aos serviços bancários tradicionais devido ao seu baixo rendimento, à falta de garantias ou à localização geográfica.

b. O papel do microfinanciamento no desenvolvimento económico

1. **Redução da pobreza**: Ao oferecer serviços financeiros a pessoas com baixos rendimentos, o microfinanciamento permite-lhes iniciar ou expandir as suas actividades económicas. Isto pode aumentar o seu rendimento e melhorar o seu nível de vida. Por exemplo, um microempréstimo pode permitir a uma pessoa iniciar uma pequena empresa, comprar equipamento ou armazenar produtos.
2. **Promover a inclusão** financeira: O microfinanciamento contribui para a inclusão financeira ao proporcionar às populações anteriormente excluídas o acesso a serviços financeiros. Isto inclui não só empréstimos, mas também contas de poupança, seguros e serviços de transferência de dinheiro. A inclusão financeira é essencial para o desenvolvimento económico, uma vez que permite que mais pessoas participem ativamente na economia.
3. **Capacitar as mulheres**: Muitas IFM visam especificamente as mulheres, que constituem uma grande proporção dos clientes de microfinanciamento. Ao acederem a serviços financeiros, as mulheres podem desenvolver as suas capacidades empresariais, aumentar o seu rendimento e tomar decisões económicas mais autónomas para as suas famílias.

4. **Apoio aos microempresários**: Os microempresários são frequentemente os principais beneficiários dos serviços de microfinanciamento. Estes empresários criam empregos não só para si próprios, mas também para outros na sua

comunidade. Ao apoiar os microempresários, o microfinanciamento contribui para a criação de emprego e para o crescimento económico local.

5. **Estimulação da economia local**: Ao promover o acesso ao crédito e a outros serviços financeiros, o microfinanciamento estimula a atividade económica local. Os microempresários investem nas suas empresas, o que leva a um aumento da produção, das vendas e do consumo na comunidade.

Em suma, o microfinanciamento desempenha um papel crucial no desenvolvimento económico, oferecendo oportunidades financeiras às pessoas excluídas dos sistemas bancários tradicionais. Promove a inclusão financeira, reduz a pobreza, dá poder às mulheres e apoia os microempresários, contribuindo assim para o crescimento económico e o desenvolvimento sustentável das comunidades.

2. Definição de uma auditoria informática e sua importância

a. Definição de auditoria informática

Uma auditoria informática é um processo sistemático de recolha e avaliação de provas sobre os sistemas de informação e as infra-estruturas tecnológicas de uma organização. O seu principal objetivo é garantir que estes sistemas funcionam de forma eficiente, fiável e em conformidade com as normas e regulamentos em vigor. A auditoria informática abrange vários aspectos, como a segurança dos sistemas, a gestão dos riscos, a integridade dos dados, o desempenho dos sistemas e a conformidade com as políticas internas e externas.

b. Importância da auditoria informática

1. **Segurança dos sistemas**: Uma auditoria informática identifica vulnerabilidades e lacunas de segurança nos sistemas de informação de uma organização. Ao detetar estas lacunas, a auditoria ajuda a prevenir ciberataques, violações de dados e outros incidentes de segurança que podem comprometer informações sensíveis e a reputação da organização.

2. **Gestão dos riscos**: A auditoria informática avalia os riscos associados às tecnologias da informação e propõe medidas para os atenuar. Isto inclui a avaliação dos riscos associados ao software, ao hardware, às redes e aos processos informáticos. Uma gestão eficaz dos riscos minimiza as perturbações e as potenciais perdas financeiras.

3. **Conformidade regulamentar**: Muitas indústrias estão sujeitas a regulamentos rigorosos em matéria de proteção de dados e segurança de TI. A auditoria informática garante que a organização cumpre estes requisitos legais e regulamentares, evitando sanções financeiras e danos para a reputação.

4. **Integridade dos dados**: A auditoria informática verifica a exatidão, a exaustividade e a fiabilidade dos dados tratados pelos sistemas de informação. Isto garante que as informações utilizadas para tomar

decisões estratégicas são fiáveis e não contêm erros ou manipulações fraudulentas.

5. **Eficiência operacional**: A auditoria informática avalia o desempenho dos sistemas e processos informáticos. Ao identificar as ineficiências e os estrangulamentos, a auditoria ajuda a otimizar os recursos informáticos e a melhorar a eficiência global da organização.

6. **Planeamento e continuidade das actividades**: A auditoria informática examina os planos de recuperação de desastres e de emergência da organização. Assegura que estão em vigor as medidas necessárias para garantir a continuidade das actividades em caso de catástrofe ou de avaria grave.

Em suma, a auditoria informática é essencial para garantir a segurança, a fiabilidade e a eficácia dos sistemas de informação de uma organização. Desempenha um papel crucial na gestão dos riscos, na conformidade regulamentar, na integridade dos dados e na melhoria do desempenho operacional.

CAPÍTULO 1: O MICROFINANCIAMENTO E A SUA IMPORTÂNCIA

1. História e desenvolvimento do microfinanciamento

O microfinanciamento tem uma história rica e diversificada, que remonta a séculos em algumas formas, mas que se consolidou efetivamente como um movimento global nas últimas décadas. Eis um resumo da sua história e evolução:

As primeiras formas de microfinanciamento

- **Século XVIII:** As primeiras formas de microfinanciamento remontam aos bancos comunitários e às associações de crédito cooperativo na Europa. Por exemplo, as Caisses Raiffeisen na Alemanha, fundadas por Friedrich Wilhelm Raiffeisen na década de 1860, ofereciam serviços financeiros aos agricultores pobres.
- **Década de 1970**: A microfinança moderna começa a tomar forma. Em 1976, Muhammad Yunus, um professor de economia do Bangladesh, fundou o Grameen Bank. O modelo do Grameen Bank baseia-se na concessão de pequenos empréstimos não garantidos a empresários pobres, principalmente mulheres, para os ajudar a criar ou a expandir as suas pequenas empresas. Este modelo prova que as pessoas pobres podem ser mutuários fiáveis quando são apoiadas por estruturas adequadas.

O surgimento das microfinanças modernas

- **Década de 1980-1990:** A microfinança expande-se rapidamente. São criadas instituições de microfinanciamento (IMF) em todo o mundo, adoptando e adaptando o modelo do Grameen Bank. Durante este período, organizações como a ACCION International, a FINCA e a BRAC também desempenham um papel fundamental na promoção do microfinanciamento.
- **Década de 2000:** As microfinanças continuam a desenvolver-se e a evoluir. As IMF começam a diversificar os seus produtos e serviços para incluir não só empréstimos, mas também contas de poupança, seguros e serviços de transferência de dinheiro. A tecnologia também desempenha um papel cada vez mais importante, com a introdução da microfinança digital e da banca móvel.

O impacto das microfinanças

- **Prémio Nobel da Paz 2006:** Muhammad Yunus e o Grameen Bank recebem o Prémio Nobel da Paz pelos seus esforços para criar desenvolvimento económico e social a partir do zero. Este prémio destaca as microfinanças e o seu potencial para combater a pobreza.
- **Desenvolvimentos recentes :** Atualmente, o microfinanciamento continua a transformar-se. As inovações tecnológicas, como as plataformas de empréstimo peer-to-peer (P2P) e as soluções FinTech, oferecem novas oportunidades e desafios ao sector. O microfinanciamento está também a expandir-se para novos mercados e segmentos populacionais, incluindo jovens empresários e populações rurais.

Desafios e oportunidades

- **Desafios:** Apesar dos seus êxitos, o microfinanciamento enfrenta uma série de desafios, tais como a sustentabilidade financeira das IMF, a gestão do risco e a regulamentação. A questão das elevadas taxas de juro em alguns programas de microfinanciamento é também objeto de debate.
- **Oportunidades:** O microfinanciamento continua a desempenhar um papel crucial na inclusão financeira e no desenvolvimento económico. Os avanços tecnológicos e a integração dos serviços financeiros digitais oferecem oportunidades para chegar a um número ainda maior de pessoas excluídas dos sistemas financeiros tradicionais.

Em suma, o microfinanciamento percorreu um longo caminho desde as suas primeiras formas baseadas na comunidade até se tornar um poderoso instrumento de redução da pobreza e de inclusão financeira. A sua evolução contínua é prova da sua resiliência e da sua capacidade de se adaptar à evolução das necessidades das populações com baixos rendimentos.

2. Os principais intervenientes no sector do microfinanciamento[1]

Eis alguns dos principais intervenientes no sector do microfinanciamento a nível mundial:

1. **Grameen Bank**: Fundada por Muhammad Yunus no Bangladesh, esta instituição é frequentemente considerada como a pioneira das microfinanças modernas.
2. **FINCA International**: Uma organização mundial que presta serviços financeiros a comunidades vulneráveis em mais de 20 países.
3. **Accion**: Uma organização internacional que ajuda as pessoas a saírem da pobreza através de serviços financeiros adaptados.
4. **BRAC**: uma organização sediada no Bangladesh que oferece uma vasta gama de serviços, incluindo microfinanciamento, para melhorar as condições de vida das pessoas com baixos rendimentos.
5. **BancoSol**: Um banco na Bolívia que se concentra na prestação de serviços financeiros a microempresários e pequenas empresas.
6. **La Nef**: Uma cooperativa financeira em França que oferece financiamento solidário, empréstimos e poupanças para apoiar projectos com impacto social e ambiental.
7. **Adie**: associação francesa que concede microcréditos e ajuda as pessoas excluídas do sistema bancário tradicional a criarem a sua própria empresa.
8. **SKS Microfinance**: Uma instituição de microfinanciamento na Índia que era uma das maiores do mundo antes da sua transformação num banco comercial.

[1] www.falcinvest.com

9. **SM GUILGAL SA**: Instituição de microfinanciamento na RDC, uma das maiores do país, que apoia pessoas excluídas do sistema bancário.

Estes intervenientes desempenham um papel crucial na promoção da inclusão financeira e no apoio aos microempresários, contribuindo assim para a redução da pobreza e para o desenvolvimento económico das respectivas comunidades.

3. Os desafios e as oportunidades do microfinanciamento

Desafios e oportunidades para o microfinanciamento

Desafios

1. **Sustentabilidade financeira**: Muitas instituições de microfinanças (IMF) dependem de subsídios e donativos para funcionar. Encontrar um modelo de negócio que seja sustentável, mantendo-se acessível aos clientes com baixos rendimentos, é um grande desafio.
2. **Taxas de juro elevadas**: Algumas IFM cobram taxas de juro elevadas para compensar os riscos e os custos operacionais, o que pode exercer uma pressão financeira adicional sobre os mutuários.
3. **Risco de sobre-endividamento**: O mutuário pode ver-se confrontado com vários empréstimos em simultâneo, o que aumenta o risco de sobre-endividamento. Esta situação pode afetar a sua capacidade de reembolso e comprometer a sua situação financeira.
4. **Cumprimento da** regulamentação: As IFM têm de navegar em ambientes regulamentares frequentemente complexos e em constante mudança. O cumprimento da regulamentação local e internacional pode ser um grande desafio.
5. **Inclusão financeira limitada**: Apesar dos progressos, uma grande parte da população mundial continua excluída dos serviços financeiros. As IMFs precisam de encontrar formas inovadoras de chegar aos que não foram alcançados, especialmente nas zonas rurais.
6. **Questões tecnológicas**: A integração de tecnologias modernas nas operações de microfinanciamento pode ser dispendiosa e complexa, especialmente para as pequenas IMF com recursos limitados.

Oportunidades

1. **Inclusão financeira**: O microfinanciamento oferece oportunidades significativas para a inclusão financeira, fornecendo serviços financeiros a populações que anteriormente estavam excluídas. Isto pode ajudar a reduzir a pobreza e a melhorar o bem-estar económico.
2. **Empoderamento das mulheres**: as IFM que visam as mulheres contribuem para o seu empoderamento económico. Ao acederem a serviços financeiros, as mulheres podem empreender negócios, poupar e investir na educação e na saúde das suas famílias.
3. **Inovação tecnológica**: Os avanços tecnológicos, como a banca móvel e as plataformas FinTech, oferecem oportunidades para melhorar a eficiência e a

acessibilidade dos serviços de microfinanciamento. Estas inovações podem reduzir os custos operacionais e melhorar a experiência do utilizador.

4. **Diversificação dos produtos**: as IFM podem diversificar as suas ofertas de modo a incluir produtos de seguros, serviços de transferência de dinheiro e programas de poupança. Isto ajuda a satisfazer as diferentes necessidades financeiras dos clientes e a melhorar a sua capacidade de resistência económica.

5. **Impacto social e ambiental**: As IFM têm a oportunidade de apoiar projectos com um impacto social e ambiental positivo. Por exemplo, podem financiar iniciativas agrícolas sustentáveis ou projectos de energias renováveis em comunidades rurais.

6. **Parcerias e colaborações**: As IFM podem colaborar com governos, ONG e empresas para alargar o seu alcance e maximizar o seu impacto. Estas parcerias podem proporcionar apoio financeiro e técnico, bem como oportunidades de formação e de desenvolvimento de capacidades.

Em resumo, embora o microfinanciamento enfrente desafios significativos, também oferece muitas oportunidades para a inclusão financeira, o empoderamento das mulheres e o desenvolvimento económico sustentável. As IFM devem continuar a inovar e a adaptar-se para enfrentar estes desafios e aproveitar estas oportunidades.

CAPÍTULO 2: A AUDITORIA INFORMÁTICA: CONCEITOS E METODOLOGIAS

1. Definição e objectivos de uma auditoria informática

Definição de auditoria informática

Uma auditoria informática é um processo sistemático de recolha, análise e avaliação de provas sobre os sistemas de informação, as infra-estruturas tecnológicas e as operações informáticas de uma organização. O principal objetivo é garantir que estes sistemas funcionam de forma eficiente, segura e em conformidade com as normas e regulamentos em vigor. A auditoria informática abrange vários aspectos, como a segurança dos sistemas, a gestão dos riscos, a integridade dos dados e o desempenho dos sistemas.

Objectivos da auditoria informática

1. **Segurança dos sistemas**: Identificar e avaliar as vulnerabilidades dos sistemas de informação para evitar ciberataques, acessos não autorizados e violações de dados.

2. **Gestão do risco**: Avaliar os riscos associados às tecnologias da informação e propor medidas para os atenuar, minimizando assim as perturbações e as potenciais perdas financeiras.

3. **Conformidade regulamentar**: Garantir que a organização cumpre as leis, os regulamentos e as políticas internas em matéria de proteção de dados e segurança das TI, evitando assim sanções financeiras e danos para a reputação.

4. **Integridade dos dados:** Verificar a exatidão, a exaustividade e a fiabilidade dos dados processados pelos sistemas de informação, garantindo assim a fiabilidade da informação utilizada para tomar decisões estratégicas.

5. **Eficiência operacional:** Avaliar o desempenho dos sistemas e processos informáticos para identificar ineficiências e estrangulamentos, permitindo otimizar os recursos e melhorar a eficiência global da organização.

6. **Planeamento da continuidade das actividades:** Rever os planos de recuperação de desastres e de contingência da organização para assegurar que estão em vigor as medidas necessárias para garantir a continuidade das actividades em caso de desastre grave ou avaria.

Em suma, a auditoria informática desempenha um papel crucial na proteção e melhoria dos sistemas de informação de uma organização. Ajuda a gerir os riscos, a garantir a conformidade regulamentar, a assegurar a integridade dos dados e a otimizar o desempenho operacional.

2. Os diferentes métodos de auditoria informática

Os métodos de auditoria informática são variados e adaptados aos objectivos específicos de cada auditoria. Eis alguns dos principais métodos utilizados:

1. Auditoria de conformidade

- **Objetivo**: Verificar se os sistemas de informação cumprem as leis, os regulamentos e as políticas internas.
- **Métodos** :
  - Revisão das políticas e procedimentos internos
  - Verificação das configurações do sistema
  - Controlos de conformidade

2. Auditoria de segurança

- **Objetivo**: Identificar e avaliar as vulnerabilidades dos sistemas de informação para evitar ciberataques e violações de dados.
- **Métodos** :
  - Testes de penetração (pentests)
  - Análise de vulnerabilidade
  - Revisão dos registos de segurança
  - Avaliação dos controlos de acesso

3. Auditoria de desempenho

- **Objetivo**: Avaliar a eficácia e a eficiência dos sistemas de informação.
- **Métodos** :
  - Testes de carga e de esforço
  - Análise do desempenho da rede
  - Revisão dos tempos de resposta das aplicações
  - Avaliação da capacidade e da utilização dos recursos

4. Auditoria de gestão dos riscos

- **Objetivo**: Identificar e avaliar os riscos associados às tecnologias da informação e propor medidas para os atenuar.
- **Métodos** :
  - Análise de risco
  - Avaliação dos controlos internos
  - Revisão dos processos de gestão do risco
  - Entrevistas com o pessoal-chave

5. Auditoria dos processos informáticos

- **Objetivo**: Avaliar a eficácia dos processos relacionados com as TI.
- **Métodos** :
  - Revisão dos processos ITIL (Information Technology Infrastructure Library)
  - Análise do fluxo de trabalho
  - Entrevistas com o pessoal técnico
  - Revisão dos documentos e relatórios do processo

6. Auditoria dos sistemas de informação

- **Objetivo**: Avaliar a qualidade, a integridade e a segurança dos sistemas de informação.

- **Métodos** :
    - Teste de aplicações
    - Revisão das bases de dados
    - Avaliação das interfaces do sistema
    - Testes de integridade dos dados

7. Auditoria de continuidade das actividades

- **Objetivo**: Assegurar a aplicação das medidas necessárias para garantir a continuidade das operações em caso de catástrofe ou de avaria grave.
- **Métodos** :
    - Revisão dos planos de recuperação de desastres
    - Ensaios de restabelecimento do sistema
    - Avaliação dos planos de continuidade das actividades
    - Simulação de cenários de crise

Aplicando estes diferentes métodos, os auditores de TI podem obter uma visão completa e exacta do estado dos sistemas de informação de uma organização, identificar áreas a melhorar e propor recomendações para otimizar a segurança, o desempenho e a conformidade.

3. Ferramentas e técnicas utilizadas nas auditorias informáticas

Ferramentas

1. **Software de gestão de auditorias**
    - *Exemplos*: ACL, IDEA, Teammate
    - *Benefícios*: Automatizar e facilitar a gestão do processo de auditoria, desde o planeamento até à geração de relatórios.
2. **Ferramentas de controlo da segurança**
    - *Exemplos*: Splunk, SIEM (Gestão de Informações e Eventos de Segurança), Snort
    - *Objetivo*: Monitorizar e analisar as actividades da rede para detetar ameaças e incidentes de segurança.
3. **Ferramentas de análise de vulnerabilidades**
    - *Exemplos*: Nessus, OpenVAS, QualysGuard
    - *O que faz*: Analisa sistemas e redes para identificar falhas e vulnerabilidades de segurança.
4. **Ferramentas de teste de penetração**
    - *Exemplos*: Metasploit, Burp Suite, OWASP ZAP
    - *Benefícios*: Simular ataques para avaliar a segurança do sistema e identificar pontos fracos.
5. **Ferramentas de gestão do risco**
    - *Exemplos*: RiskWatch, Resolver, RSA Archer

- *Benefícios*: Avaliar, monitorizar e gerir os riscos relacionados com as TI.

6. **Ferramentas de gestão de dados**
   - *Exemplos*: SQL Server Management Studio (SSMS), Oracle Data Guard, IBM InfoSphere
   - *Utilidade*: Gerir e analisar dados armazenados em bases de dados para garantir a sua integridade e segurança.

Técnicas

1. **Revisão da documentação**
   - *Descrição*: Examina as políticas, os procedimentos, os manuais e outros documentos para avaliar a conformidade e a eficácia dos controlos internos.
2. **Entrevistas**
   - *Descrição*: Realiza entrevistas com o pessoal-chave para compreender os processos, identificar riscos potenciais e avaliar os controlos em vigor.
3. **Observação direta**
   - *Descrição*: Observar operações e processos em tempo real para avaliar a sua conformidade e eficiência.
4. **Ensaios e amostragem**
   - *Descrição*: Efetuar testes em amostras de dados e transacções para verificar a exatidão, o carácter exaustivo e a correção das informações.
5. **Análise de registos**
   - *Descrição*: Examinar os registos do sistema e das aplicações para detetar actividades suspeitas e incidentes de segurança.
6. **Análise da configuração**
   - *Descrição*: Verifica as configurações do sistema e da rede para garantir que cumprem as políticas de segurança e as melhores práticas.
7. **Testes de penetração (Pentests)**
   - *Descrição*: Simular ataques a sistemas para identificar vulnerabilidades e avaliar a robustez das medidas de segurança adoptadas.
8. **Revisão dos controlos de acesso**
   - *Descrição*: Avaliar os mecanismos de controlo do acesso para garantir que apenas os utilizadores autorizados têm acesso a sistemas e dados sensíveis.

Estas ferramentas e técnicas permitem aos auditores informáticos efetuar avaliações aprofundadas e rigorosas dos sistemas de informação, identificando vulnerabilidades, avaliando riscos e propondo recomendações para melhorar a segurança e a eficácia das infra-estruturas tecnológicas.

CAPÍTULO 3: O IMPACTO DA AUDITORIA INFORMÁTICA NAS OPERAÇÕES DE MICROFINANCIAMENTO

3.1 Segurança e proteção de dados

As auditorias informáticas ajudam a reforçar a segurança dos sistemas de informação nas instituições de microfinanças. Ao identificar e corrigir as vulnerabilidades, as IMF podem proteger os dados sensíveis dos seus clientes contra ciberataques, acesso não autorizado e perda de dados. O reforço da segurança ajuda a manter a confiança dos clientes e a assegurar a continuidade da atividade.

A segurança e a proteção de dados são aspectos cruciais para qualquer organização, especialmente para as instituições de microfinanças, onde as informações sensíveis sobre os clientes e as transacções financeiras devem ser protegidas. Eis alguns pontos-chave a considerar:

1. Políticas de segurança

- **Elaboração de políticas de segurança**: Criar políticas de segurança claras que todos os empregados possam compreender, para definir as regras e o comportamento esperado no que respeita à gestão de dados.
- **Formação dos empregados**: Formar regularmente o pessoal em matéria de boas práticas de segurança e sensibilizá-lo para os riscos associados aos ciberataques e às violações de dados.

2. Controlos de acesso

- **Autenticação forte**: Implemente mecanismos de autenticação multi-fator para garantir que apenas as pessoas autorizadas têm acesso a sistemas e dados sensíveis.
- **Gestão da identidade e do acesso**: utilização de ferramentas para gerir e controlar o acesso dos utilizadores a diferentes recursos informáticos, atribuindo direitos de acesso de acordo com funções e responsabilidades individuais.

3. Encriptação de dados

- **Encriptação de dados em trânsito**: Utilize protocolos de encriptação, como o SSL/TLS, para proteger os dados à medida que são transmitidos através das redes.
- **Encriptação de dados em repouso**: Encripte os dados armazenados em servidores, bases de dados e dispositivos de armazenamento para impedir o acesso não autorizado em caso de roubo ou perda de hardware.

4. Monitorização e deteção de ameaças

- **Sistemas de Deteção de Intrusão (IDS) e Sistemas de Prevenção de Intrusão (IPS)**: Instale soluções IDS/IPS para monitorizar redes e sistemas, detetar actividades suspeitas e prevenir ataques em tempo real.
- **Análise dos registos**: recolher e analisar os registos do sistema e das aplicações para identificar comportamentos anómalos e tentativas de acesso não autorizado.

5. Cópia de segurança e restauro de dados

- **Planeamento de cópias de segurança**: Implemente procedimentos regulares de cópias de segurança para garantir que os dados podem ser restaurados em caso de perda, corrupção ou ciberataque.
- **Testes de restauro**: Efectue testes regulares de restauro das cópias de segurança para garantir que os dados podem ser recuperados de forma fiável e rápida.

6. Conformidade regulamentar

- **Conformidade regulamentar**: Assegurar que as práticas de segurança de dados cumprem os regulamentos locais e internacionais, como o Regulamento Geral sobre a Proteção de Dados (RGPD) na Europa.
- **Auditoria e avaliação**: Efetuar auditorias regulares para avaliar a conformidade com as políticas de segurança e identificar as áreas que necessitam de ser melhoradas.

Ao implementar estas medidas, as instituições de microfinanças podem reforçar a segurança e a proteção dos dados, reduzir o risco de ciberataques e manter a confiança dos seus clientes. A segurança dos dados é uma responsabilidade permanente que exige vigilância e adaptação constantes às novas ameaças e tecnologias.

3.2 Melhorar os processos operacionais

Com uma auditoria informática, as IFM podem identificar ineficiências e estrangulamentos nos seus processos operacionais. Ao implementar as recomendações da auditoria, podem otimizar os seus fluxos de trabalho, reduzir os custos operacionais e melhorar a qualidade dos seus serviços. O resultado é uma maior satisfação do cliente e um aumento da competitividade.

A auditoria informática desempenha um papel crucial na melhoria dos processos operacionais das instituições de microfinanças. Ao identificar ineficiências e estrangulamentos, os auditores de TI podem propor recomendações para otimizar os fluxos de trabalho, reduzir os custos operacionais e melhorar a qualidade dos serviços oferecidos. Eis algumas das formas como a auditoria informática pode melhorar os processos empresariais:

1. Automatização de processos

- **Vantagem**: A automatização de tarefas repetitivas e manuais poupa tempo, reduz os erros humanos e melhora a eficiência global.
- **Exemplo**: Implementação de sistemas automatizados para processar pedidos de empréstimo, gerir contas de clientes e gerar relatórios financeiros.

2. Otimização do fluxo de trabalho

- **Vantagem**: Ao avaliar os processos existentes, os auditores de TI podem identificar estrangulamentos e sugerir melhorias para otimizar os fluxos de trabalho.
- **Exemplo**: Reorganização das fases de processamento de empréstimos para reduzir os tempos de processamento e melhorar a satisfação do cliente.

3. Melhorar a qualidade dos dados

- **Benefício**: A qualidade dos dados é essencial para tomar decisões informadas e eficazes. Uma auditoria informática verifica a integridade e a exatidão dos dados.
- **Exemplo**: Aplicação de controlos de qualidade dos dados e de procedimentos de limpeza dos dados para garantir que as informações utilizadas são fiáveis e exactas.

4. Gestão dos recursos

- **Vantagem**: A auditoria informática ajuda a identificar recursos subutilizados ou ineficientes e propõe soluções para otimizar a sua utilização.
- **Exemplo**: Redistribuir os recursos de TI para garantir que são utilizados de forma óptima e satisfazem as necessidades operacionais.

5. Redução dos custos de funcionamento

- **Vantagem**: Ao identificar ineficiências e propor soluções de otimização, a auditoria informática ajuda a reduzir os custos operacionais.
- **Exemplo**: Adoção de tecnologias mais eficientes e menos onerosas, como a computação em nuvem, para reduzir as despesas com hardware e manutenção.

6. Melhorar a comunicação e a colaboração

- **Vantagem**: A auditoria informática pode revelar deficiências na comunicação e na colaboração no seio da organização e propor soluções para as melhorar.
- **Exemplo**: Criação de plataformas de colaboração em linha e de ferramentas de comunicação para facilitar a partilha de informações e a coordenação entre equipas.

7. Implementação das melhores práticas

- **Vantagem**: Com base nas melhores práticas do sector, os auditores de TI podem recomendar melhorias que alinhem os processos operacionais com normas de elevado desempenho e segurança.
- **Exemplo**: Adoção de quadros de gestão da qualidade e da segurança, como a ITIL (Information Technology Infrastructure Library) e a ISO 27001, para garantir a excelência operacional.

Ao implementar as recomendações resultantes das auditorias informáticas, as instituições de microfinanças podem não só melhorar os seus processos operacionais, mas também reforçar a sua capacidade de resistência, aumentar a sua eficiência e oferecer serviços de melhor qualidade aos seus clientes. A otimização dos processos operacionais é uma alavanca fundamental para a competitividade e o crescimento sustentável das IFM.

3.3 Conformidade regulamentar e redução dos riscos

As auditorias informáticas ajudam as IFM a cumprir os regulamentos e normas em vigor em matéria de proteção de dados e segurança informática. Ao garantir a conformidade, podem evitar sanções financeiras e danos à sua reputação. Além disso, a auditoria ajuda a detetar e a gerir potenciais riscos, contribuindo assim para a estabilidade e a resiliência da instituição.

1. Conformidade regulamentar

Assegurar o cumprimento da legislação e regulamentação em vigor é essencial para as instituições de microfinanças. O incumprimento pode levar a sanções financeiras, perda de reputação e riscos legais. Eis alguns aspectos fundamentais da conformidade regulamentar:

- **Identificação dos regulamentos aplicáveis**: As IFM devem identificar e compreender os regulamentos locais e internacionais que se aplicam às suas operações. Isto pode incluir regulamentos sobre proteção de dados, combate ao branqueamento de capitais (AML), segurança informática e práticas de crédito.
- **Implementação de políticas e procedimentos**: Desenvolver e implementar políticas e procedimentos internos para garantir que todas as operações cumprem os regulamentos aplicáveis. Estas políticas devem ser claramente documentadas e comunicadas a todo o pessoal.
- **Formação e sensibilização**: Formar regularmente os funcionários sobre os requisitos regulamentares e as políticas internas. A consciencialização é essencial para garantir que todos na organização compreendem e cumprem os regulamentos.
- **Auditorias** de conformidade: Efetuar auditorias de conformidade regulares para avaliar o nível de conformidade da instituição e identificar as áreas que necessitam de ser melhoradas. Estas auditorias podem ser efectuadas internamente ou por peritos externos.

2. Redução dos riscos

A gestão eficaz dos riscos é crucial para a estabilidade e a resistência das instituições de microfinanças. Eis algumas estratégias para reduzir o risco:

- **Identificação e avaliação dos riscos**: Identificar os riscos potenciais associados às tecnologias da informação e às operações de microfinanciamento. Avaliar estes riscos em termos da sua probabilidade e impacto.
- **Desenvolvimento de controlos internos**: Implementação de controlos internos para atenuar os riscos identificados. Estes podem incluir controlos de segurança, procedimentos de verificação de transacções e mecanismos de monitorização de actividades.
- **Planeamento da continuidade das actividades**: Elaborar planos de continuidade das actividades e de recuperação de desastres para garantir que a instituição possa continuar a funcionar em caso de desastre ou de avaria grave. Estes planos devem incluir procedimentos para efetuar cópias de segurança dos dados e restaurar os sistemas.
- **Acompanhamento e avaliação contínuos**: Implementar mecanismos de acompanhamento contínuos para detetar riscos emergentes e avaliar a eficácia dos controlos internos. As IFM devem ser proactivas na gestão do risco, adaptando as suas estratégias em função de novas ameaças e alterações regulamentares.

- **Trabalhar** com especialistas: Trabalhar com especialistas em gestão de riscos e conformidade para beneficiar dos seus conhecimentos e conselhos. Os peritos podem ajudar a identificar as melhores práticas e a implementar soluções eficazes para reduzir os riscos.

Ao implementar estas estratégias, as instituições de microfinanças podem garantir que cumprem a regulamentação atual e reduzir os riscos associados às suas operações. O cumprimento da regulamentação e a gestão do risco são essenciais para a sustentabilidade e o sucesso das IFM, contribuindo para a confiança dos clientes e a estabilidade do sector.

3.4 Estudo de caso de uma instituição de microfinanças que efectuou uma auditoria informática[2]

Para ilustrar o impacto da auditoria informática, tomemos o exemplo de uma instituição de microfinanças fictícia, a "MicroFinancePlus". Antes da auditoria, a MicroFinancePlus estava a enfrentar desafios de segurança, ineficiências operacionais e problemas de conformidade regulamentar. Depois de contratar uma equipa de auditores de TI, a instituição conseguiu :

- Identificar e corrigir vulnerabilidades críticas de segurança.
- Otimizar os processos de gestão dos empréstimos e das contas dos clientes.
- Implementar controlos internos sólidos para garantir a conformidade regulamentar.
- Reduzir os riscos operacionais e melhorar a capacidade de resistência da organização.

Como resultado, a MicroFinancePlus registou um aumento da satisfação dos clientes, uma redução dos custos operacionais e uma melhoria da sua reputação no mercado.

Um exemplo notável de uma instituição de microfinanças que implementou uma auditoria informática é o **Credit Mutuel du Sénégal (CMS)**. Esta instituição efectuou um estudo de gestão do risco de crédito utilizando métodos de auditoria informática para melhorar os seus processos e reduzir as perdas associadas a empréstimos não pagos1.

Estudo de caso: Credit Mutuel du Sénégal (CMS)

Contexto

O Credit Mutuel du Sénégal (CMS) é uma instituição de microfinanças que implementou uma auditoria informática para avaliar e melhorar os seus processos de gestão do risco de crédito. O principal objetivo era reduzir as perdas associadas a empréstimos não pagos e melhorar a saúde financeira da instituição1.

[2] www.academia.edu

Metodologia

A auditoria informática do CMS envolveu duas fases principais:

1. **Análise do carácter do cliente**: Esta fase consistiu em utilizar os dados recolhidos durante as entrevistas para avaliar a fiabilidade e a solvabilidade do cliente.

2. **Análise da saúde financeira do cliente**: Esta fase envolveu a utilização de dados financeiros e contabilísticos para avaliar a situação financeira do cliente.

Resultados

Graças à auditoria informática, o CMS pôde :

- **Reduzir a taxa de empréstimos não pagos**: utilizando métodos de diagnóstico financeiro, a instituição conseguiu identificar riscos potenciais e conceder empréstimos apenas a clientes com um bom historial de reembolso.

- **Melhoria da gestão do risco**: A auditoria levou à implementação de controlos internos mais sólidos para atenuar os riscos de crédito.

- **Otimização dos recursos**: Ao identificar as ineficiências e propor soluções de otimização, a instituição conseguiu reduzir os seus custos de funcionamento e melhorar a eficiência global.

A auditoria informática da CMS demonstrou a importância da utilização de tecnologias e metodologias avançadas para melhorar a gestão do risco e o desempenho financeiro das instituições de microfinanciamento. Esta abordagem permitiu à CMS reforçar a sua estabilidade financeira e servir melhor os seus clientes.

Este exemplo mostra como a auditoria informática pode ser uma ferramenta poderosa para as instituições de microfinanças, permitindo-lhes tomar decisões mais informadas e reduzir os riscos associados às suas operações.

Conclusão: A auditoria informática desempenha um papel crucial na melhoria da segurança, da eficiência e da conformidade das instituições de microfinanças. Ao adoptarem as recomendações de auditoria, as IMF podem reforçar a sua capacidade de resistência, proteger os dados dos clientes e prestar serviços de melhor qualidade. O impacto positivo da auditoria informática traduz-se numa maior confiança dos clientes, no aumento da competitividade e numa contribuição significativa para o desenvolvimento económico.

CAPÍTULO 4: DESAFIOS E LIMITAÇÕES DA AUDITORIA INFORMÁTICA NO SECTOR DAS MICROFINANÇAS

4.1 Questões de custos e recursos

As auditorias informáticas podem ser dispendiosas, sobretudo para as pequenas instituições de microfinanças com recursos limitados. Os custos incluem não só os honorários dos auditores, mas também as despesas associadas à aplicação das recomendações. Além disso, as IFM podem não dispor internamente de pessoal qualificado para efetuar as auditorias, pelo que é necessário contratar consultores externos.

As instituições de microfinanças (IMF) podem enfrentar uma série de desafios em termos de custos e recursos necessários para efetuar auditorias informáticas. Eis algumas das principais questões:

1. Custos de auditoria

- **Honorários dos auditores**: A contratação de peritos em auditoria informática pode ser dispendiosa, especialmente se a instituição tiver de recorrer a consultores externos. Os honorários variam consoante a complexidade e o âmbito da auditoria.
- **Ferramentas e tecnologias** : As ferramentas e o software necessários para efetuar auditorias informáticas eficazes podem representar um investimento significativo. As IFM precisam frequentemente de investir em tecnologia de ponta para garantir a exatidão e a exaustividade das auditorias.
- **Formação do pessoal**: A formação dos empregados em matéria de boas práticas de auditoria informática e na utilização de ferramentas específicas pode também gerar custos. É necessária uma formação regular para manter as competências actualizadas em relação à evolução tecnológica.

2. Recursos humanos

- **Disponibilidade de peritos**: Encontrar peritos qualificados em auditoria informática pode ser um desafio, especialmente em regiões onde estas competências são escassas. A falta de pessoal qualificado pode atrasar as auditorias e afetar a sua qualidade.
- **Carga de trabalho**: As auditorias de TI podem ser longas e complexas, exigindo um envolvimento significativo das equipas internas. Isto pode sobrecarregar o pessoal existente e afetar outras operações críticas.
- **Externalização**: Para compensar a falta de recursos internos, algumas IFM optam por externalizar as suas auditorias de TI a empresas especializadas Embora isto possa garantir a qualidade dos conhecimentos especializados, também pode levar a custos adicionais e a desafios de coordenação.

3. Investimento inicial e manutenção

- **Investimento inicial**: A implementação da infraestrutura necessária para as auditorias informáticas exige um investimento inicial significativo. As IFM precisam de afetar orçamentos substanciais para a aquisição de hardware e software e para a implementação de processos.
- **Custos de manutenção**: A manutenção e atualização dos instrumentos e sistemas de auditoria informática requerem recursos permanentes. As IFM

devem prever um orçamento para manutenção regular, actualizações de software e apoio técnico.

4. **Adaptação à evolução tecnológica**

- **Desenvolvimentos tecnológicos**: As tecnologias e metodologias de auditoria estão a evoluir rapidamente. As IFM devem adaptar-se constantemente às novas tendências e melhores práticas, o que pode representar um desafio em termos de custos e recursos.
- **Obsolescência das ferramentas**: As ferramentas e tecnologias utilizadas para as auditorias informáticas podem tornar-se obsoletas, exigindo um investimento regular em novas soluções.

Soluções e recomendações

Para ultrapassar estes desafios, eis algumas recomendações para as IFM:

1. **Planeamento orçamental**: Atribuir orçamentos específicos para auditorias informáticas, tendo em conta os custos iniciais e os custos de manutenção. Um planeamento financeiro rigoroso pode ajudar a gerir melhor as despesas.
2. **Formação contínua**: Investir na formação contínua do pessoal para manter as competências actualizadas e garantir a especialização interna em auditoria informática.
3. **Parcerias estratégicas**: Estabelecer parcerias com empresas especializadas em auditoria informática para beneficiar dos seus conhecimentos e otimizar os custos.
4. **Utilização de soluções de fonte aberta**: considerar a utilização de software de fonte aberta para reduzir os custos de licença e de subscrição.
5. **Abordagem modular**: Adotar uma abordagem modular para as auditorias informáticas, concentrando-se inicialmente em áreas críticas e alargando gradualmente as auditorias a outros sectores.

Ao implementar estas estratégias, as IFM podem gerir mais eficazmente os desafios associados aos custos e recursos necessários para as auditorias de TI, garantindo simultaneamente a segurança e a eficiência das suas operações.

4.2 Resistência à mudança e desafios culturais

Os empregados e a direção das IFM podem ter relutância em aceitar as mudanças recomendadas pelos auditores informáticos. Esta resistência à mudança pode dever-se ao medo do desconhecido, a preocupações com a segurança do emprego ou a uma cultura organizacional rígida. É essencial educar e formar o pessoal para ultrapassar estas barreiras.

As instituições de microfinanças (IMF) podem encontrar resistência à mudança e desafios culturais quando realizam auditorias informáticas ou adoptam novas tecnologias. Seguem-se alguns dos principais problemas e recomendações para os ultrapassar:

1. **Resistência à mudança**

- **Medos e preocupações**: Os trabalhadores podem recear que as auditorias informáticas e as novas tecnologias ponham em causa a segurança do seu emprego ou alterem as suas responsabilidades. Este medo do desconhecido pode levar a uma resistência passiva ou ativa.
- **Falta de confiança**: Os trabalhadores podem não ter confiança na direção ou na necessidade das mudanças propostas. Podem encarar as auditorias como uma crítica ao seu trabalho e não como um instrumento de melhoria.
- **Hábitos enraizados**: Os trabalhadores podem ter relutância em abandonar as suas formas de trabalho já testadas e adotar novas práticas, mesmo que estas sejam mais eficientes.

2. **Desafios culturais**

- **Diferenças de perceção**: As diferentes partes interessadas podem ter percepções e expectativas diferentes em relação às tecnologias e auditorias informáticas. Este facto pode dar origem a mal-entendidos e conflitos.
- **Cultura organizacional**: Algumas organizações têm uma cultura rígida que valoriza o status quo e resiste à mudança. Nessas culturas, pode ser difícil introduzir novas ideias e práticas.
- **Comunicação inadequada**: A falta de uma comunicação clara e transparente sobre as razões e os benefícios das auditorias informáticas pode reforçar a resistência e os desafios culturais.

Soluções e recomendações

1. **Comunicação e sensibilização**
    - **Informar e educar**: Organize sessões de informação e formação para explicar os objectivos, as vantagens e as implicações das auditorias informáticas. Utilize exemplos concretos para ilustrar como estas mudanças podem melhorar os processos e os resultados.
    - **Transparência**: Comunicar de forma transparente as razões das mudanças e a forma como serão implementadas. Envolver os trabalhadores desde o início para recolher as suas opiniões e sugestões.
2. **Envolvimento e empenhamento dos trabalhadores**
    - **Participação ativa**: Envolver os trabalhadores no processo de mudança, incentivando-os a participar ativamente nos debates, nas decisões e na implementação de novas práticas.
    - **Reconhecimento e recompensa**: Reconhecer e recompensar os empregados que adoptam positivamente a mudança e contribuem para o seu sucesso. Isto pode motivar outros a seguir o seu exemplo.
3. **Formação e desenvolvimento de competências**
    - **Formação contínua**: Fornecer formação contínua para desenvolver as competências técnicas dos funcionários e o conhecimento das tecnologias e auditorias de TI. Prestar apoio para facilitar a adaptação a novas práticas.

- **Apoio técnico**: Crie equipas de apoio técnico para ajudar os empregados a resolver problemas e a ultrapassar obstáculos técnicos.

4. **Liderança e cultura de mudança**
   - **Liderança inspiradora**: Os líderes devem dar o exemplo, aceitando a mudança e demonstrando o seu empenhamento na melhoria contínua. Devem também apoiar ativamente os empregados durante todo o processo.
   - **Cultura de mudança**: Promover uma cultura organizacional que valorize a inovação, a aprendizagem contínua e a adaptabilidade. Incentivar os empregados a propor ideias e a experimentar novas abordagens.
5. **Abordagem progressiva**
   - **Implementação faseada** : Adotar uma abordagem faseada para implementar auditorias informáticas e novas tecnologias. Comece com projectos-piloto para testar e ajustar as práticas antes de as implementar em grande escala.
   - **Avaliação e ajustamento**: Avalie regularmente o impacto das mudanças e ajuste as estratégias com base no feedback. Envolver os trabalhadores neste processo de avaliação para garantir que se sentem ouvidos e tidos em conta.

Ao abordar de forma proactiva a resistência à mudança e os desafios culturais, as instituições de microfinanças podem facilitar a adoção de auditorias de TI e de novas tecnologias, reforçando assim a sua eficácia e resiliência. Uma comunicação transparente, o envolvimento dos funcionários e o apoio contínuo são essenciais para uma transição bem sucedida.

4.3 Problemas técnicos e de infra-estruturas

As IFM que operam em regiões remotas ou subdesenvolvidas podem deparar-se com problemas técnicos e de infra-estruturas, tais como ligações instáveis à Internet, cortes de energia frequentes e falta de acesso a tecnologias avançadas. Estes desafios podem limitar a eficácia da auditoria informática e complicar a aplicação das recomendações.

As instituições de microfinanças (IMF) podem deparar-se com desafios técnicos e de infraestrutura quando tentam adotar auditorias informáticas e novas tecnologias. Eis alguns dos principais problemas e potenciais soluções para os ultrapassar:

1. Ligações instáveis à Internet

- **Problema**: Em muitas zonas rurais ou remotas, as ligações à Internet podem ser instáveis ou inexistentes, dificultando o acesso às ferramentas e recursos em linha necessários para as auditorias de TI.
- **Solução**: Investir em soluções alternativas, como ligações por satélite ou redes móveis 4G/5G. As IMF podem também utilizar ferramentas de auditoria offline

que permitem a recolha e análise de dados sem ligação à Internet, com posterior sincronização quando a ligação estiver disponível.

2. **Falhas frequentes de energia**

- **Problema**: As falhas de energia frequentes podem interromper os processos de auditoria e comprometer a integridade dos dados.
- **Solução**: Instalar fontes de alimentação ininterrupta (UPS) e geradores para assegurar a continuidade do fornecimento de energia. As IMF podem também considerar a utilização de fontes de energia renováveis, como painéis solares, para reduzir a sua dependência de redes de eletricidade instáveis.

3. **Falta de acesso a tecnologias avançadas**

- **Problema**: As IFM podem não ter acesso às tecnologias avançadas necessárias para efetuar auditorias informáticas eficazes, devido a custos elevados ou a limitações geográficas.
- **Solução**: Trabalhar com parceiros tecnológicos para obter subsídios, empréstimos ou doações de equipamento. As IMF podem também explorar opções de leasing ou aluguer de equipamento tecnológico para reduzir os custos iniciais. A utilização de soluções de fonte aberta e de software livre também pode ser uma alternativa viável.

4. **Problemas de compatibilidade do sistema**

- **Problema**: Os sistemas de informação existentes podem ser incompatíveis com as novas ferramentas de auditoria informática, dificultando a integração e a análise dos dados.
- **Solução**: Realizar uma avaliação exaustiva dos sistemas existentes antes de adotar novas ferramentas. Escolher soluções modulares e flexíveis que possam ser facilmente integradas nos sistemas existentes. Trabalhar com os fornecedores de tecnologia para desenvolver interfaces de compatibilidade específicas.

5. **Envelhecimento das infra-estruturas**

- **Problema**: As infra-estruturas informáticas envelhecidas podem não ser capazes de suportar novas ferramentas e tecnologias de auditoria, limitando a sua eficácia.
- **Solução**: Planear e orçamentar regularmente a atualização e a renovação das infra-estruturas de TI. Dar prioridade ao investimento nas áreas mais críticas para garantir que a infraestrutura se mantém robusta e capaz de responder às necessidades actuais e futuras.

6. **Falta de competências técnicas**

- **Problema**: A falta de competências técnicas na organização pode impedir a adoção e a utilização eficaz das auditorias informáticas e das novas tecnologias.
- **Solução**: Investir na formação do pessoal e no desenvolvimento de competências técnicas. Recrute especialistas externos para colmatar as lacunas de competências e forneça orientação aos funcionários internos. Incentivar

uma cultura de aprendizagem contínua para manter as competências actualizadas.

Ao ultrapassar estes desafios técnicos e de infra-estruturas, as instituições de microfinanças podem tirar o máximo partido das auditorias de TI para melhorar as operações, reforçar a segurança dos dados e garantir a conformidade regulamentar. Uma abordagem proactiva e investimentos estratégicos são essenciais para enfrentar estes desafios e garantir o sucesso a longo prazo das IMF.

4.4 Complexidade dos sistemas de informação

Os sistemas de informação das IFM podem ser complexos e variados, com múltiplas integrações e processos antigos. Esta complexidade torna a auditoria informática mais difícil, uma vez que os auditores têm de compreender e avaliar sistemas heterogéneos. Além disso, a documentação dos sistemas pode ser insuficiente ou obsoleta, o que complica ainda mais a auditoria.

Os sistemas de informação das instituições de microfinanças (IMF) podem ser muito complexos, devido à diversidade de tecnologias utilizadas, às múltiplas integrações e aos processos herdados. Esta complexidade pode colocar uma série de desafios durante uma auditoria informática. Seguem-se alguns dos principais problemas relacionados com a complexidade dos sistemas de informação e as soluções para os ultrapassar:

1. Diversidade de tecnologias

- **Problema**: As IFM utilizam frequentemente uma combinação de tecnologias antigas e novas, o que pode complicar a auditoria informática. Os auditores têm de compreender e avaliar uma variedade de sistemas, desde bases de dados relacionais a aplicações de computação em nuvem.
- **Solução**: Formar os auditores de TI numa série de tecnologias e plataformas. Utilizar ferramentas de auditoria que possam integrar e analisar diferentes tipos de sistemas. Colaborar com peritos especializados nas tecnologias específicas utilizadas pela instituição.

2. Integração de sistemas

- **Problema**: Os sistemas de informação das IFM podem ser integrados de forma complexa, com fluxos de dados entre diferentes aplicações e bases de dados. A auditoria destas integrações pode ser difícil devido aos múltiplos pontos de ligação e dependências.
- **Solução**: Mapear as integrações de sistemas e criar diagramas de fluxo de dados para visualizar as ligações e dependências. Utilizar ferramentas de monitorização da integração para detetar problemas e ineficiências. Realizar testes de integração para garantir que os sistemas estão a comunicar corretamente.

3. Processos herdados

- **Problema**: As IFM podem ainda estar a utilizar processos antigos que não foram modernizados durante muito tempo. Estes processos podem estar mal documentados, ser difíceis de compreender e incompatíveis com as novas tecnologias.

- **Solução**: Documentar e analisar os processos antigos para identificar ineficiências e riscos. Implementar projectos de modernização para migrar para sistemas e processos mais modernos e eficientes. Utilizar metodologias de gestão da mudança para facilitar a transição.

4. **Documentação insuficiente ou obsoleta**

- **Problema**: A documentação dos sistemas de informação pode ser insuficiente, obsoleta ou inexistente, o que complica a auditoria informática e a avaliação dos sistemas.

- **Solução**: Atualizar e manter a documentação completa e exacta dos sistemas de informação. Utilizar ferramentas de gestão da documentação para centralizar e organizar as informações. Envolver as equipas técnicas na criação e atualização da documentação.

5. **Segurança de sistemas complexos**

- **Problema**: A complexidade dos sistemas pode tornar a segurança mais difícil de gerir. As vulnerabilidades podem ser mais difíceis de detetar e corrigir devido às múltiplas camadas e integrações.

- **Solução**: Implementar controlos de segurança robustos a todos os níveis do sistema. Utilizar ferramentas de monitorização e análise da segurança para detetar ameaças e vulnerabilidades. Efetuar auditorias de segurança regulares para avaliar e reforçar a segurança de sistemas complexos.

6. **Manutenção e actualizações**

- **Problema**: A manutenção e atualização de sistemas complexos pode ser difícil de gerir, devido às dependências e ao risco de perturbar as operações.

- **Solução**: Planear e coordenar as actualizações e a manutenção de forma proactiva, minimizando as interrupções das operações. Utilizar ambientes de teste para validar as actualizações antes de as implementar na produção. Implementar políticas de gestão de alterações para garantir actualizações e manutenção sem problemas.

4.5 Conformidade regulamentar variada

As IFM operam frequentemente em várias jurisdições, cada uma com os seus próprios regulamentos e normas de conformidade. Navegar neste complexo ambiente regulamentar pode ser um grande desafio para os auditores de TI. Compreender e cumprir os requisitos locais e internacionais é essencial para evitar sanções e danos à reputação.

Eis alguns dos principais problemas associados à conformidade regulamentar variada e as soluções para os ultrapassar:

1. **Diversidade de regulamentos**

- **Questão**: As IFM têm de cumprir regulamentos nacionais, regionais e internacionais que podem variar consideravelmente. Estes regulamentos podem incluir normas de proteção de dados, requisitos de combate ao branqueamento de capitais (AML), regras de segurança informática e práticas de empréstimo responsáveis.

- **Solução**: Criar uma equipa dedicada à conformidade regulamentar para monitorizar e interpretar os regulamentos aplicáveis. Utilizar ferramentas de monitorização regulamentar para se manter a par das alterações e actualizações das leis e regulamentos.

2. **Interpretação dos regulamentos**

- **Problema**: Os regulamentos podem ser complexos e susceptíveis de interpretação. As IFM podem ter dificuldade em compreender como aplicar os regulamentos às suas operações específicas.

- **Solução**: Trabalhar com peritos jurídicos e consultores de conformidade para obter aconselhamento sobre a interpretação dos regulamentos. Organizar sessões de formação para os funcionários sobre os requisitos regulamentares e a sua aplicação prática.

3. **Harmonização dos processos**

- **Problema**: As IFM precisam de harmonizar os seus processos internos para cumprir os requisitos de conformidade das diferentes jurisdições. Isto pode ser particularmente difícil para as instituições que operam em vários países.

- **Solução**: Implementar políticas e procedimentos globais de conformidade que possam ser adaptados aos requisitos locais. Utilizar ferramentas de gestão da conformidade para centralizar e normalizar os processos.

4. **Aplicação dos controlos**

- **Questão**: As IFM precisam de estabelecer controlos internos para assegurar que todas as operações cumprem a regulamentação aplicável. Estes controlos podem incluir controlos de segurança, procedimentos de verificação de transacções e mecanismos de monitorização da atividade.

- **Solução**: Utilizar ferramentas de auditoria e monitorização para automatizar os controlos internos e garantir a sua eficácia. Efetuar auditorias de conformidade regulares para avaliar a conformidade com os regulamentos e identificar as áreas que requerem melhorias.

5. **Coordenação com as autoridades reguladoras**

- **Problema**: As IFM têm de se coordenar com várias autoridades reguladoras, cada uma com os seus próprios requisitos e expectativas. Este facto pode conduzir a uma carga administrativa significativa e a desafios de comunicação.

- **Solução**: Estabelecer relações de trabalho sólidas com as entidades reguladoras e nomear pontos de contacto específicos para facilitar a comunicação. Participar em fóruns de conformidade e grupos de trabalho para trocar informações e melhores práticas.

6. **Adaptação às alterações regulamentares**

- **Problema**: Os regulamentos podem mudar rapidamente e as IFM têm de ser capazes de se adaptar a essas mudanças para se manterem em conformidade.

- **Solução**: Implemente um processo de gestão de alterações regulamentares para monitorizar as actualizações e ajustar as políticas e os procedimentos em conformidade. Formar regularmente os funcionários sobre novos regulamentos e alterações aos regulamentos existentes.

Ao adotar estas estratégias, as IFM podem gerir a diversidade de regulamentos de forma mais eficaz e assegurar o cumprimento nas diferentes jurisdições em que operam. Uma abordagem proactiva e sistemática ao cumprimento da regulamentação é essencial para reduzir o risco e manter a confiança dos intervenientes.

4.6 Falta de sensibilização para a auditoria informática

Em algumas IFM, a direção pode não estar plenamente consciente da importância da auditoria informática. A falta de sensibilização e de compreensão pode levar a uma subestimação dos benefícios da auditoria e a um apoio limitado às iniciativas de auditoria informática. É fundamental promover uma cultura de auditoria e sensibilizar a direção para os seus benefícios.

A sensibilização para a auditoria informática é crucial para garantir a segurança e a eficiência dos sistemas de informação nas instituições de microfinanças (IMF). No entanto, a falta de sensibilização pode colocar uma série de desafios. Eis alguns dos principais problemas associados à falta de sensibilização para a auditoria informática e as soluções para os ultrapassar:

1. Falta de sensibilização para os benefícios da auditoria informática

- **Problema**: Os funcionários e a direção podem não compreender os benefícios da auditoria de TI, o que pode levar a uma falta de apoio e de recursos para as iniciativas de auditoria.
- **Solução**: Organize sessões de sensibilização e formação para explicar as vantagens da auditoria informática, como a melhoria da segurança, a eficiência operacional e a conformidade regulamentar. Utilize exemplos concretos e estudos de casos para ilustrar estas vantagens.

2. Baixa prioridade atribuída à auditoria informática

- **Problema**: Sem uma sensibilização adequada, a auditoria informática pode ser vista como uma tarefa secundária em relação a outras prioridades operacionais.
- **Solução**: Integrar a auditoria informática na estratégia global da organização e torná-la uma prioridade para a direção. Comunicar claramente a importância da auditoria informática para a sustentabilidade e a resiliência da instituição.

3. Falta de formação e de competências

- **Problema**: Os funcionários podem não ter formação e competências em auditoria informática, o que limita a sua capacidade de efetuar auditorias eficazes.
- **Solução**: Oferecer programas de formação contínua para desenvolver competências de auditoria informática. Incentivar os empregados a obterem certificações profissionais reconhecidas, como o Certified Information Systems Auditor (CISA).

4. Resistência à mudança

- **Problema**: Os funcionários podem resistir às iniciativas de auditoria de TI devido ao receio do desconhecido ou à apreensão de mudanças nas suas responsabilidades.
- **Solução**: Envolver os funcionários desde o início das iniciativas de auditoria de TI e incentivá-los a participar ativamente no processo. Reconhecer e recompensar as contribuições positivas para motivar os funcionários a aceitar a mudança.

5. Comunicação ineficaz

- **Problema**: Uma comunicação ineficaz pode levar a uma falta de clareza sobre os objectivos e as expectativas da auditoria informática.
- **Solução**: Estabeleça canais de comunicação claros e regulares para informar os funcionários sobre o progresso, os resultados e as etapas seguintes das auditorias de TI. Utilize uma variedade de meios de comunicação, como reuniões, boletins informativos e plataformas em linha.

Conclusão

A sensibilização para a auditoria informática é essencial para garantir o êxito das iniciativas de auditoria e a segurança dos sistemas de informação das IFM. Investindo na formação, na comunicação e no envolvimento dos funcionários, as instituições de microfinanças podem ultrapassar os desafios associados à falta de sensibilização e colher todos os benefícios da auditoria informática. Uma abordagem proactiva e inclusiva é a chave para criar uma cultura de sensibilização para a auditoria informática na organização.

Embora a auditoria informática apresente desafios e limitações, continua a ser uma ferramenta essencial para melhorar a segurança, a eficiência e a conformidade das instituições de microfinanças. Se enfrentarem estes desafios de forma proactiva e investirem nos recursos necessários, as IMF podem ultrapassar os obstáculos e colher todos os benefícios da auditoria informática. A chave do sucesso reside na sensibilização, na formação e no empenhamento a todos os níveis da organização.

CAPÍTULO 5: PERSPECTIVAS E RECOMENDAÇÕES PARA O FUTURO

5.1 Inovações tecnológicas e seu potencial impacto no microfinanciamento

Os avanços tecnológicos, como a banca móvel, a cadeia de blocos e a inteligência artificial, têm o potencial de transformar o sector das microfinanças. Estas tecnologias podem melhorar a eficiência operacional, reduzir custos e aumentar o acesso a serviços financeiros para populações carenciadas. As IMF precisam de explorar e adotar estas inovações para se manterem competitivas e relevantes.

As inovações tecnológicas têm o potencial de transformar radicalmente o sector das microfinanças, tornando os serviços financeiros mais acessíveis e económicos para as populações desfavorecidas.[3] Eis algumas das principais inovações tecnológicas e o seu potencial impacto nas microfinanças:

1. Banca móvel[4]

- **Impacto**: A banca móvel permite aos clientes gerir as suas finanças através dos seus telemóveis, mesmo na ausência de serviços bancários tradicionais. Este facto aumenta a inclusão financeira, permitindo que as pessoas que vivem em zonas rurais ou remotas tenham acesso a serviços financeiros2.
- **Exemplo**: As soluções de pagamento móvel e as carteiras electrónicas permitem aos clientes efetuar transacções seguras e rápidas.

2. Pontuação de crédito alternativa

- **Impacto**: Os métodos alternativos de pontuação de crédito utilizam dados não tradicionais, como dados psicométricos ou dados móveis, para avaliar a solvabilidade dos clientes. Isto permite incluir no sistema financeiro pessoas sem historial de crédito formal2.
- **Exemplo**: Testes psicométricos e análise de dados móveis para avaliar a credibilidade do mutuário.

3. Banco por agente

- **Impacto**: A banca de agentes utiliza comerciantes locais como intermediários para prestar serviços bancários em zonas sem agências bancárias. Isto alarga o alcance dos serviços financeiros e reduz os custos operacionais2.
- **Exemplo**: Agentes bancários que utilizam terminais de ponto de venda (POS) para processar as transacções financeiras dos clientes.

4. Reconhecimento biométrico

- **Impacto**: O reconhecimento biométrico, como o reconhecimento de impressões digitais, melhora a segurança das transacções financeiras e permite que os clientes acedam às suas contas de forma segura.
- **Exemplo**: terminais POS equipados com scanners biométricos para autenticar os clientes.

[3] ifsa-network.com

[4] finca.org

5. Crowdfunding e empréstimos pessoais[5]

- **Impacto**: O crowdfunding e os empréstimos peer-to-peer permitem aos microempresários angariar fundos diretamente junto do público, sem passar pelas instituições financeiras tradicionais.
- **Exemplo**: Plataformas de financiamento participativo que ligam mutuários a potenciais investidores.

6. Cadeia de blocos e contratos inteligentes

- **Impacto**: A tecnologia de cadeia de blocos e os contratos inteligentes podem melhorar a transparência, a segurança e a eficiência das transacções financeiras, eliminando os intermediários e automatizando os contratos.
- **Exemplo**: Transacções financeiras seguras e transparentes utilizando contratos inteligentes numa cadeia de blocos.

[6]Estas inovações tecnológicas têm o potencial de revolucionar o microfinanciamento, tornando os serviços financeiros mais acessíveis, seguros e eficientes para as populações desfavorecidas . Ao adotar estas tecnologias, as instituições de microfinanciamento podem responder melhor às necessidades dos seus clientes e contribuir para a redução da pobreza.

5.2 Estratégias para melhorar a eficácia da auditoria informática

Melhorar a eficácia da auditoria informática é crucial para que as instituições de microfinanças garantam a segurança, a conformidade e a otimização dos seus sistemas de informação. Eis algumas estratégias para o conseguir:

1. **Investimento em ferramentas e tecnologias de auditoria**: As IFM devem investir em ferramentas e tecnologias de auditoria modernas para melhorar a exatidão e a eficiência das suas auditorias informáticas.

   - **Ferramentas de gestão de auditorias**: Utilize software de gestão de auditorias como o ACL, IDEA ou Teammate para automatizar e facilitar a gestão do processo de auditoria.

   - **Ferramentas de monitorização da segurança**: Implemente soluções de monitorização como o Splunk ou o SIEM para detetar e analisar actividades suspeitas em tempo real.

   - **Análise de vulnerabilidades**: Utilize ferramentas como o Nessus ou o QualysGuard para analisar os sistemas e identificar potenciais falhas de segurança.

[5] link.springer.com
[6] link.springer.com

2. **Formação e desenvolvimento de competências**: É essencial formar o pessoal nas melhores práticas de auditoria informática e desenvolver as suas competências para garantir que são capazes de efetuar auditorias rigorosas e exaustivas.

   - **Programa de formação contínua**: oferecer formação regular aos auditores para desenvolver as suas competências técnicas e mantê-los actualizados com as últimas tendências em matéria de segurança e auditoria.

   - **Certificações profissionais**: Incentivar os empregados a obterem certificações reconhecidas, como a CISA (Certified Information Systems Auditor) ou a CISSP (Certified Information Systems Security Professional).

3. **Colaboração com peritos externos**: As IFM podem beneficiar da experiência de auditores externos de TI para efetuar auditorias independentes e imparciais. Estes peritos podem fornecer novas perspectivas e recomendações baseadas nas melhores práticas do sector.

   - **Normas de segurança**: Adotar normas de segurança internacionais, como a ISO 27001, para estruturar e melhorar as práticas de segurança.

   - **Quadros de auditoria**: Utilize quadros de auditoria estabelecidos, como o COBIT (Control Objectives for Information and Related Technologies), para orientar o processo de auditoria e garantir uma abordagem estruturada.

5.3 Recomendações para as instituições de microfinanciamento

1. **Reforçar a governação e a gestão do risco**: As IFM precisam de criar estruturas de governação e processos de gestão do risco sólidos para garantir que os sistemas de informação são seguros e cumprem a regulamentação.

   O reforço da governação e da gestão do risco é crucial para que as instituições de microfinanças (IMF) assegurem a estabilidade, a transparência e a resiliência das suas operações. Eis algumas estratégias para o conseguir:

   1. Estabelecer uma boa governação

- **Estrutura de governação**: Criar uma estrutura de governação clara com funções e responsabilidades definidas para o Conselho de Administração, a direção e os comités de gestão do risco.
- **Políticas e procedimentos**: Estabelecer políticas e procedimentos sólidos de governação, incluindo códigos de conduta, políticas de conflito de interesses e orientações para a tomada de decisões.
- **Transparência**: Promover a transparência através da publicação regular de relatórios financeiros e de uma comunicação clara e aberta com as partes interessadas.

2. Identificação e avaliação dos riscos

- **Mapeamento de riscos**: Efetuar um mapeamento de riscos para identificar os principais riscos a que a instituição está exposta, incluindo riscos financeiros, operacionais, de mercado e de reputação.
- **Avaliação de riscos**: Utilizar métodos de avaliação de riscos para determinar a probabilidade e o impacto de cada risco identificado. Classificar os riscos de acordo com a sua criticidade.

3. Criação de controlos internos

- **Controlos de segurança**: Implementação de controlos de segurança para proteger os sistemas de informação contra ciberataques e acesso não autorizado. Isto inclui medidas como a autenticação multifactor, firewalls e sistemas de deteção de intrusão.
- **Controlos financeiros**: Estabelecimento de controlos financeiros para garantir a exatidão e a fiabilidade das informações financeiras. Isto inclui procedimentos de verificação de transacções, auditorias internas e controlos de conformidade.

4. Gestão da continuidade das actividades

- **Plano de continuidade do** negócio: Desenvolver um plano de continuidade do negócio para garantir que a instituição possa continuar a funcionar no caso de uma grande perturbação. Este plano deve incluir procedimentos de cópia de segurança de dados, planos de recuperação de desastres e estratégias de comunicação de emergência.
- **Testes de continuidade**: Efetuar testes de continuidade regulares para garantir que os planos de emergência são eficazes e que o pessoal está bem preparado para reagir em caso de crise.

5. Formação e sensibilização

- **Formação dos empregados**: Oferecer programas de formação para sensibilizar os empregados para os riscos e ensiná-los a reconhecer e gerir situações de risco. Isto inclui formação sobre segurança informática, conformidade regulamentar e gestão de riscos financeiros.
- **Cultura de risco**: Promover uma cultura organizacional que valorize a gestão proactiva do risco e encoraje os funcionários a comunicar problemas e a propor soluções.

6. Acompanhamento e avaliação contínuos

- **Monitorização do risco**: Implementar mecanismos de monitorização contínua para detetar riscos emergentes e avaliar a eficácia dos controlos internos. Utilizar ferramentas de análise e de elaboração de relatórios para monitorizar os principais indicadores de risco.
- **Revisão e melhoria**: Rever regularmente as políticas e procedimentos de gestão do risco para garantir que estão actualizados e são eficazes. Incorporar as lições aprendidas e as melhores práticas para melhorar continuamente o quadro de gestão do risco.

Ao adotar estas estratégias, as instituições de microfinanciamento podem reforçar a sua governação e gestão do risco, garantindo a sua resiliência, transparência e capacidade de resposta a desafios futuros. Uma governação forte e uma gestão de risco proactiva são essenciais para garantir a sustentabilidade e o sucesso das IMF num ambiente em constante mudança.

2. **Adotar uma abordagem centrada no cliente**: As IFM devem conceber os seus serviços financeiros tendo em conta as necessidades e preferências dos seus clientes. Isto inclui a oferta de produtos adaptados, a simplificação dos processos e a melhoria da experiência do utilizador.

Para as instituições de microfinanças (IMF), a adoção de uma abordagem centrada no cliente é essencial para garantir a sua satisfação e fidelidade. Isto significa compreender as necessidades, expectativas e preferências dos clientes e conceber produtos e serviços financeiros adequados. Eis algumas estratégias para adotar uma abordagem centrada no cliente:

1. Conhecer e compreender os clientes

- **Segmentação de clientes**: Segmentar os clientes em grupos distintos com base nas suas caraterísticas demográficas, comportamentais e financeiras. Isto permite uma melhor compreensão das necessidades específicas de cada segmento.
- **Inquéritos e estudos de mercado**: Realização de inquéritos e estudos de mercado para recolher informações sobre as expectativas e preferências dos clientes. Utilizar esta informação para adaptar produtos e serviços.

2. Desenvolvimento de produtos personalizados

- **Ofertas personalizadas**: Conceber produtos e serviços financeiros que satisfaçam as necessidades específicas de cada segmento de clientes. Por exemplo, microempréstimos para empresários, contas de poupança para agricultores, etc.
- **Inovação de produtos**: Inovar através do desenvolvimento de novos produtos financeiros que respondam aos desafios únicos enfrentados pelos clientes. Por exemplo, empréstimos com juros baixos para mulheres empresárias ou seguros adaptados aos pequenos agricultores.

3. Melhorar a experiência do cliente

- **Serviço de atendimento ao cliente de qualidade**: Implementar um serviço de atendimento ao cliente de qualidade e com capacidade de resposta. Formar o pessoal para ouvir ativamente os clientes, responder às suas perguntas e resolver rapidamente os seus problemas.
- **Múltiplos canais de comunicação**: Disponibilizar vários canais de comunicação, tais como sucursais físicas, serviços em linha, aplicações móveis e centros de atendimento telefónico, para que os clientes possam escolher o canal que mais lhes convém.

4. **Educação financeira**

- **Programas de educação financeira**: Criação de programas de educação financeira para ajudar os clientes a compreender e gerir as suas finanças. Estes programas podem incluir workshops, formação em linha e brochuras informativas.
- **Sensibilização para os produtos**: Informar os clientes sobre os diferentes produtos e serviços financeiros disponíveis e ajudá-los a escolher os que melhor satisfazem as suas necessidades.

5. **Recolha e análise do feedback**

- **Avaliação da satisfação**: Utilizar inquéritos de satisfação e feedback dos clientes para avaliar a satisfação dos clientes e identificar áreas a melhorar.
- **Análise de dados**: Analisar os dados recolhidos para detetar tendências e problemas recorrentes. Utilizar esta informação para melhorar os produtos e serviços.

6. **Fidelidade do cliente**

- **Programas de fidelização**: Crie programas de fidelização para recompensar os clientes fiéis. Estes programas podem incluir descontos, benefícios exclusivos e eventos especiais.
- **Acompanhamento personalizado**: Mantenha um acompanhamento personalizado dos clientes utilizando sistemas de gestão das relações com os clientes (CRM). Enviar mensagens de acompanhamento, lembretes e ofertas personalizadas para manter os clientes envolvidos.

7. **Participação comunitária**

- **Envolvimento** na comunidade: participar ativamente na vida da comunidade, apoiando iniciativas locais e trabalhando com organizações comunitárias. Isto reforça a confiança e a ligação dos clientes à instituição.
- **Responsabilidade social**: Demonstrar um compromisso com a responsabilidade social através da implementação de projectos e programas que tenham um impacto positivo na comunidade.

Ao adoptarem estas estratégias, as instituições de microfinanciamento podem criar uma experiência excecional para os clientes, fidelizá-los e reforçar a sua posição no mercado. Uma abordagem centrada no cliente é essencial para satisfazer as necessidades dos clientes e contribuir para o seu desenvolvimento económico e social.

3. **Promover a inclusão financeira**: As IFM devem continuar a centrar-se na inclusão financeira, chegando às populações não servidas, particularmente nas zonas rurais e entre os grupos marginalizados. A utilização da tecnologia pode desempenhar um papel fundamental nesta missão.

A inclusão financeira consiste em garantir que os indivíduos e as empresas tenham acesso a produtos e serviços financeiros úteis e económicos que satisfaçam as suas necessidades. Eis algumas estratégias para promover a inclusão financeira nas instituições de microfinanças (IMF):

1. Desenvolvimento de produtos financeiros adaptados

- **Produtos de microcrédito**: Oferta de pequenos empréstimos adaptados às necessidades dos microempresários e das famílias com baixos rendimentos. Estes empréstimos podem ajudar a financiar actividades geradoras de rendimentos e despesas inesperadas.
- **Contas de poupança**: Oferecer contas de poupança acessíveis e flexíveis para incentivar a poupança regular e segura entre as pessoas sem conta bancária.
- **Seguros inclusivos**: Desenvolvimento de produtos de seguros acessíveis para proteger os clientes contra riscos como doenças, acidentes e catástrofes naturais.

2. Utilização de tecnologias inovadoras

- **Banca móvel**: Utilização de tecnologias móveis para oferecer serviços financeiros à distância, permitindo aos clientes efetuar transacções, depositar dinheiro e reembolsar empréstimos através dos seus telemóveis.
- **Carteiras electrónicas**: Promover a utilização de carteiras electrónicas para facilitar os pagamentos digitais e as transferências de dinheiro, reduzindo assim a dependência das transacções em numerário.
- **Tecnologias de pagamento**: Adoção de tecnologias de pagamento inovadoras, como códigos QR e cartões pré-pagos, para oferecer soluções de pagamento seguras e convenientes.

3. Educação e sensibilização financeira

- **Programas de formação**: Criar programas de formação financeira para educar os clientes sobre a gestão do dinheiro, a poupança, a contração responsável de empréstimos e a utilização de serviços financeiros.
- **Workshops e seminários**: Organizar workshops e seminários comunitários para aumentar a sensibilização para os benefícios da inclusão financeira e incentivar as pessoas a utilizar serviços financeiros formais.

4. Trabalhar com parceiros locais

- **Parcerias estratégicas**: Trabalhar com ONG, associações locais, cooperativas e organizações comunitárias para chegar a populações carenciadas e promover a inclusão financeira.
- **Agentes bancários**: utilização de agentes bancários locais para oferecer serviços financeiros em zonas rurais e remotas, onde o acesso às agências bancárias tradicionais é limitado.

5. Políticas e regulamentos favoráveis

- **Quadro regulamentar**: Trabalhar com as entidades reguladoras para desenvolver um quadro regulamentar favorável que incentive a inclusão financeira, proteja os direitos dos consumidores e garanta a segurança das transacções financeiras.

- **Infra-estruturas de pagamento**: Apoiar o desenvolvimento de infra-estruturas de pagamento acessíveis e interoperáveis para facilitar as transacções financeiras entre diferentes instituições e plataformas.

6. Acompanhamento e avaliação

- **Indicadores de desempenho**: Definir indicadores de desempenho para medir o impacto das iniciativas de inclusão financeira e avaliar a sua eficácia.
- **Feedback dos clientes**: Recolher regularmente as reacções dos clientes para compreender as suas necessidades, identificar os obstáculos à inclusão financeira e adaptar as estratégias em conformidade.

Ao adoptarem estas estratégias, as instituições de microfinanciamento podem promover a inclusão financeira e contribuir para melhorar as condições de vida das populações desfavorecidas. O acesso a serviços financeiros adequados e a preços acessíveis é essencial para o desenvolvimento económico e social e para a redução da pobreza.

4. **Acompanhamento e avaliação contínuos**: as IFM devem criar mecanismos de acompanhamento e avaliação para garantir que as recomendações resultantes das auditorias informáticas são aplicadas e que os objectivos de segurança e eficiência são alcançados.

O acompanhamento e a avaliação contínuos são essenciais para garantir a eficácia e a melhoria contínua dos processos e iniciativas nas instituições de microfinanças (IMF). Seguem-se algumas estratégias para implementar uma monitorização e avaliação eficazes:

1. Definição de indicadores de desempenho

- Indicadores-chave de desempenho (KPIs): Identificar e definir KPIs específicos para medir o desempenho dos vários processos e iniciativas. Estes indicadores devem ser relevantes, mensuráveis e alinhados com os objectivos estratégicos da instituição.
- Objectivos SMART: Utilize a metodologia SMART (Specific, Measurable, Achievable, Realistic, Time-bound) para definir objectivos claros e exequíveis.

2. Recolha de dados

- Sistemas de gestão de dados: criação de sistemas de gestão de dados para recolher, armazenar e analisar dados de forma sistemática e segura.
- Ferramentas de automatização: Utilizar ferramentas de automatização para facilitar a recolha de dados em tempo real e reduzir os erros humanos. Tecnologias como a IoT (Internet das Coisas) podem ser utilizadas para recolher dados de uma variedade de fontes.

3. Análise dos dados

- Análise quantitativa: Utilização de métodos de análise quantitativa para avaliar o desempenho e identificar tendências. Para o efeito, podem ser utilizadas ferramentas de Business Intelligence e software de análise de dados.

- Análise qualitativa: complementar a análise quantitativa com métodos qualitativos, como entrevistas, inquéritos e grupos de discussão, para obter uma compreensão mais profunda das questões e oportunidades.

4. Relatórios e feedback

- Relatórios periódicos: Elaborar relatórios periódicos sobre o desempenho, os resultados e os progressos em relação aos objectivos. Estes relatórios devem ser claros, concisos e acessíveis às várias partes interessadas.
- Feedback construtivo: Incentivar o feedback construtivo dos funcionários, clientes e outras partes interessadas para identificar áreas de melhoria e melhores práticas.

5. Revisão e ajustamento

- Revisões periódicas: Efetuar revisões periódicas das políticas, procedimentos e iniciativas para garantir que continuam a ser relevantes e eficazes. As auditorias internas podem ser utilizadas para avaliar a conformidade e a eficácia dos processos.
- Melhoria contínua: Adotar uma abordagem de melhoria contínua, utilizando os resultados das análises e do feedback para ajustar e melhorar os processos e as iniciativas. Utilizar metodologias como o ciclo PDCA (Plan-Do-Check-Act) para estruturar os esforços de melhoria.

6. Compromisso das partes interessadas

- Inclusão e participação: Envolver ativamente as partes interessadas no processo de monitorização e avaliação. Isto inclui funcionários, clientes, reguladores e parceiros locais.
- Transparência: Garantir a transparência na comunicação dos resultados e das medidas tomadas para melhorar o desempenho. As partes interessadas devem ser informadas dos progressos efectuados e dos desafios encontrados.

7. Utilização de tecnologias avançadas

- Big Data e Analytics: Explorar tecnologias de big data e analytics para analisar grandes quantidades de dados e obter informações valiosas. Isto permite-lhe tomar decisões informadas com base em dados factuais.
- Inteligência Artificial (IA): Utilizar a IA e a aprendizagem automática para prever tendências, identificar riscos e otimizar processos. Estas tecnologias podem automatizar tarefas de análise e fornecer recomendações baseadas em dados.

Ao implementar estas estratégias, as instituições de microfinanças podem monitorizar e avaliar eficazmente as suas iniciativas, melhorar continuamente os seus processos e garantir o seu sucesso a longo prazo. O acompanhamento e a avaliação contínuos permitem-lhes manter a agilidade e a capacidade de resposta aos desafios e oportunidades do mercado, assegurando simultaneamente a transparência e a responsabilização perante as partes interessadas.

Conclusão

O futuro do microfinanciamento reside na capacidade de as IMF inovarem e se adaptarem aos desenvolvimentos tecnológicos e à evolução das necessidades dos seus clientes. Investindo em auditoria informática e adoptando estratégias pró-activas, as IMF podem reforçar a sua capacidade de resistência, melhorar o seu desempenho e continuar a desempenhar um papel crucial no desenvolvimento económico e na inclusão financeira. As recomendações apresentadas no presente capítulo fornecem um quadro para orientar as IFM para um futuro próspero e sustentável.

CONCLUSÃO GERAL

1. Resumo dos principais pontos discutidos

Neste livro, explorámos vários aspectos do impacto da auditoria informática nas instituições de microfinanças:

- **Capítulo 1: O microfinanciamento e a sua importância**: Discutimos a história e a evolução do microfinanciamento, os seus principais intervenientes e os desafios e oportunidades que apresenta para o desenvolvimento económico.
- **Capítulo 2: Auditoria informática: conceitos e metodologias**: Definimos a auditoria informática, os seus objectivos, os diferentes métodos utilizados e as ferramentas e técnicas utilizadas no processo de auditoria.
- **Capítulo 3: O impacto da auditoria informática nas operações de microfinanciamento**: Examinámos a forma como a auditoria informática pode reforçar a segurança dos dados, melhorar os processos empresariais, garantir a conformidade regulamentar e gerir o risco. Foi apresentado um estudo de caso para ilustrar estes impactos.
- **Capítulo 4: Desafios e limitações da auditoria informática nas microfinanças**: Identificámos os principais desafios e limitações, tais como os custos, a resistência à mudança, os problemas técnicos e a complexidade dos sistemas de informação.
- **Capítulo 5: Perspectivas e recomendações para o futuro**: Discutimos as inovações tecnológicas e o seu potencial impacto nas microfinanças, as estratégias para reforçar a eficácia da auditoria informática e as recomendações para as instituições de microfinanças.

2. A importância contínua da auditoria informática para a segurança e a eficácia das instituições de microfinanças

A auditoria informática continua a ser uma ferramenta essencial para as instituições de microfinanças. Desempenha um papel crucial na proteção de dados sensíveis, na gestão do risco e na melhoria da eficiência operacional. Ao adotar práticas de auditoria sólidas, as IMF podem garantir a segurança dos seus sistemas de informação e assegurar a conformidade com a regulamentação em vigor. Além disso, as auditorias de TI podem identificar ineficiências e estrangulamentos, facilitando a otimização de processos e a redução de custos.

Em conclusão, uma auditoria informática é essencial para as instituições de microfinanças que pretendam manter a sua competitividade, reforçar a confiança dos seus clientes e contribuir para o desenvolvimento económico sustentável. Ao investir em auditorias regulares e ao adotar as recomendações decorrentes destas avaliações, as IMF podem não só melhorar o seu desempenho, mas também desempenhar um papel fundamental na inclusão financeira e na redução da pobreza.

Apêndices e referências

1. Glossário de termos técnicos

- **Auditoria informática**: Processo sistemático de recolha, análise e avaliação de provas relativas aos sistemas de informação e às infra-estruturas tecnológicas de uma organização.

- **Microfinanças**: Setor financeiro que presta serviços financeiros a pessoas com baixos rendimentos ou excluídas dos sistemas bancários tradicionais.
- **Segurança dos sistemas**: Proteção dos sistemas de informação contra ciberataques, acesso não autorizado e violações de dados.
- **Gestão do risco**: Processo de identificação, avaliação e gestão dos riscos associados às tecnologias da informação.
- **Conformidade regulamentar**: Conformidade com leis, regulamentos e políticas internas sobre proteção de dados e segurança informática.
- **Integridade dos dados**: exatidão, exaustividade e fiabilidade dos dados tratados pelos sistemas de informação.
- **Eficiência operacional**: desempenho dos sistemas e processos informáticos, incluindo a sua velocidade, disponibilidade e capacidade para satisfazer as necessidades da organização.
- **Teste de penetração (Pentest)**: Simulação de ataques a sistemas para avaliar a segurança e identificar vulnerabilidades.
- **Análise de vulnerabilidade**: Avaliação de sistemas e redes para identificar vulnerabilidades de segurança.
- **Plano de recuperação de desastres**: Medidas necessárias para garantir a continuidade das operações em caso de desastre ou avaria grave.

2. Bibliografia e fontes utilizadas

- Yunus, M. (1999). **Banco dos pobres**. Paris: JC Lattès.
- Ledgerwood, J. (1999). **Microfinance Handbook: An Institutional and Financial Perspective (Manual de Microfinanças: Uma Perspetiva Institucional e Financeira)**. Washington, D.C.: Banco Mundial.
- Morduch, J., & Armendáriz de Aghion, B. (2010). **The Economics of Microfinance**. Cambridge, MA: MIT Press.
- Schreiner, M., & Colombet, H. H. (2001). **From Urban to Rural: Lessons for Microfinance from Argentina**. Development Policy Review, 19(3), 339-354.
- Lapenu, C., & Zeller, M. (2001). **Distribution, Growth, and Performance of Microfinance Institutions in Africa, Asia, and Latin America (Distribuição, Crescimento e Desempenho das Instituições de Microfinanças em África, Ásia e América Latina)**. IFPRI FCND Discussion Paper No. 114.
- Deloitte (2020). **Guia de Auditoria de TI**. Wiley.
- ISACA. (2014). **COBIT 5: Uma estrutura de negócios para a governança e o gerenciamento de TI corporativa**.
- Stallings, W. (2017). **Criptografia e segurança de rede: princípios e prática**. Pearson.
- Tipton, H. F., & Krause, M. (Eds.). (2012). **Information Security Management Handbook (Manual de Gestão da Segurança da Informação)**. Publicações Auerbach.

Estes recursos fornecem informações aprofundadas e perspectivas variadas sobre os temas das microfinanças, auditoria informática e gestão dos sistemas de informação. Podem servir de base para aprofundar os conhecimentos e a investigação nestes domínios.

Índice

MIX
Papier aus verantwortungsvollen Quellen
Paper from responsible sources
FSC® C105338

Printed by Books on Demand GmbH, Norderstedt / Germany